COME UNA Y CUENTA 20

PARA GREGORY, EMILY
Y KATIE CON CARIÑO,
G. T.

PARA MI ABUELA
KAY EKELIN,
H. B.

COME UNA Y CUENTA 20

GREG TANG

ILUSTRADO POR

HARRY BRIGGS

**ACERTIJOS MATEMÁTICOS
PARA DESPERTAR LA MENTE**

EVEREST

HALLARÁS LAS SOLUCIONES AL FINAL DEL LIBRO

¡A LA ESCUELA, PECES!

¿Dónde irán estos pescados
tan lindamente alineados?

Quizá a la escuela del mar
para aprender a contar.

Viéndolos en formación,
¿sabes decir cuántos son?

(Es fácil si te da igual
mirarlos en diagonal.)

UVAS CONTADAS

Se oye en toda la campiña
la voz del mirlo en la viña,

y un sol de fuego que abrasa
de cada uva hará una pasa.

¿Cuántas uvas dio esta vid?
Te digo dónde está el quid:

contarás con rapidez
si las ves de diez en diez.

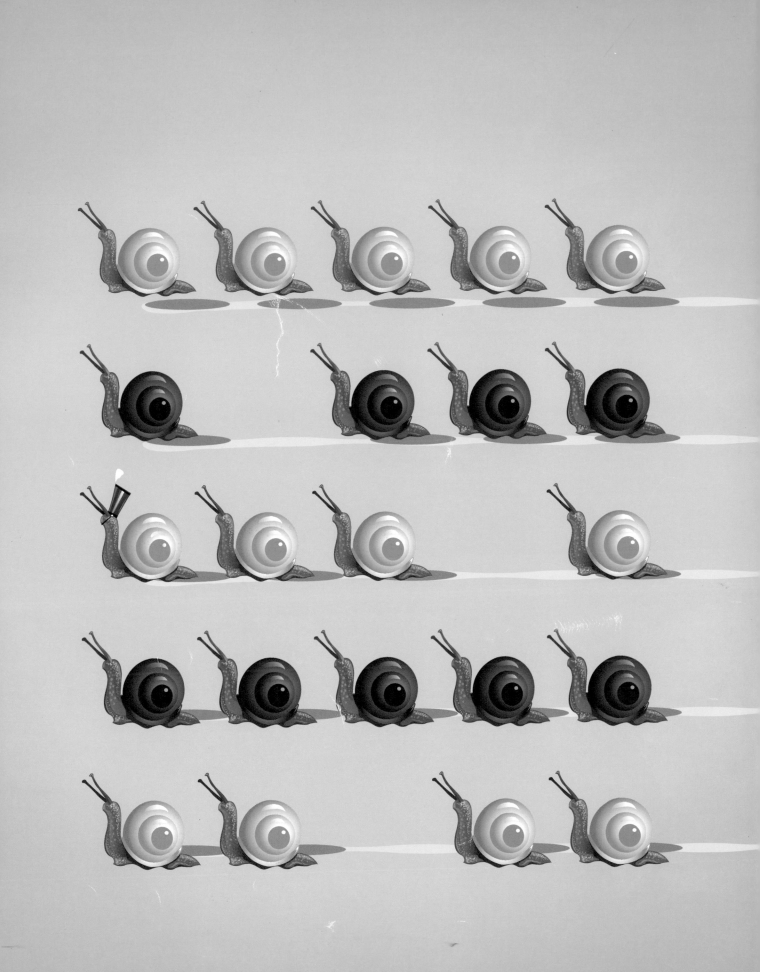

UN LENTO DESFILE

Al caminar por un prado,
adivina qué he encontrado:

¡desfilando casa a cuestas,
mil caracoles en fiestas!

No son mil. ¿Cuántos serán?
¡Fíjate en dónde no están!

HORMIGAS AL ATAQUE

"¡Corred!", gritan; "¡al pastel!"
¿Cuántas van a comer de él?

Mientras cuentas, las hormigas
no dejarán ni las migas.

Busca un cuadrado y verás
que corres tú mucho más.

¿CUÁNTAS GIBAS HAY AQUÍ?

Los camellos, míralos,
tienen una giba o dos.

Recorren todo el desierto
desde Egipto hasta el Mar Muerto.

Si las cuentas una a una
te perderás en la duna;

búscalas de cinco en cinco
y harás la suma en un brinco.

¿TE APETECEN?

Son para ti, a condición
de que digas cuántas son.

Contar cereza a cereza
sería largo, ¡qué pereza!

¿Y si juntos descubrimos
que suman diez dos racimos?

HOYITOS Y PERRITOS

Los perros de las praderas
defienden sus madrigueras

apostándose en la puerta
con mirada muy despierta.

¿Cuántos hoyos ves vacantes?
(Resta aquí los vigilantes.)

¡MARCHANDO UNA PIZZA!

Los trozos de champiñón
de esta pizza, ¿cuántos son?

Si los cuentas lentamente
no la comerás caliente.

Un buen consejo mereces:
cuenta la mitad dos veces.

¿JUGAMOS A LOS DADOS?

Hay que sumar resultados
cuando se juega a los dados.

El seis doble, el uno, el tres;
dime, ¿cuántos puntos ves?

No te líes, no tropieces:
busca primero los dieces.

DULCE SORPRESA

La mejor de las sorpresas
es que en el bosque haya fresas.

¡Qué ricas, aunque los dientes
encuentren muchas simientes!

En filas de arriba abajo,
contarlas es un trabajo;

pero te será más leve
por filas que sumen nueve.

RONCANDO BAJO LA LUNA

En esa casa de enfrente
duerme ya bastante gente.

Pero aún en muchas ventanas
hay luz; di en cuántas y ganas.

(Te advierto que es pan comido
restando las del ronquido.)

REVOLOTEANDO

Para el calor del verano,
¡un abanico en la mano!

Como abejas entre flores
revolotean sus colores.

¿Cuántos lunares le ves?
No cuentes de tres en tres;

si quieres ir más deprisa,
cinco es un soplo de brisa.

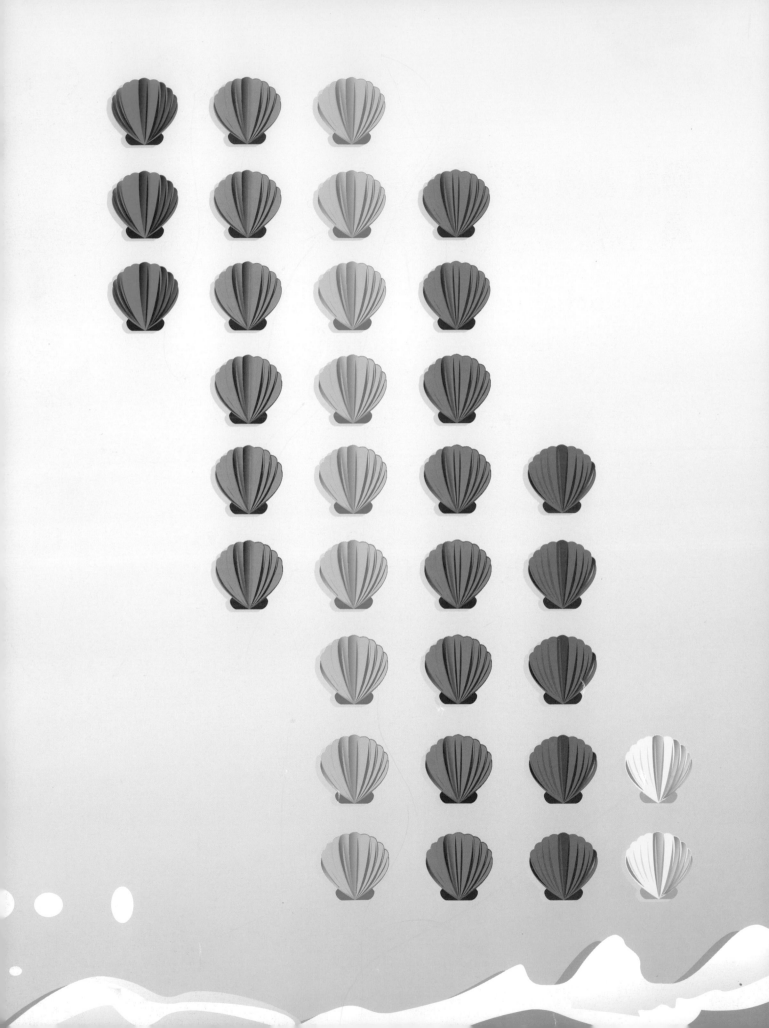

DE LA PLAYA A LA COCINA

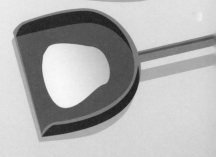

Conchas de mar o veneras,
llámalas como prefieras;

¡yo solamente las quiero
para un arroz en caldero!

Vamos, que hay que hacer la cena:
¿cuántas ves sobre la arena?

Te lo soplaré al oído:
busca un grupo repetido.

NEGRO SOBRE ROJO

¡Jugosa, apetecible, dulce y fría,
qué bien viene en verano una sandía!

Pero al comerla has de apartar las pipas
para que no te den dolor de tripas.

¿Qué cantidad de pipas hay aquí?
Fíjate en los pedazos y haz así:

ponlos por pares que sumen igual;
tres veces eso te dará el total.

¡ES LA LEY DE LA SELVA!

La selva es un peligro permanente
para el insecto débil e inocente;

una lengua lo atrapa en un momento
y ya es sólo un bocado suculento.

¿Cuántos escarabajos ves aquí?
Recuerda otros consejos que te di:

a veces es mejor mirar al bies
y al conjunto restarle lo que no es.

FUTURAS AVES

Antes de tener una gran familia
hay que ver dónde se la domicilia;

estos sabios papás han preferido
hacer para sus crías más de un nido.

¿Cuántos huevos han puesto?
La cuestión es fácil si usas tu imaginación:

pon donde hay menos de allí donde hay más,
y así de cuatro en cuatro sumarás.

SOLUCIONES

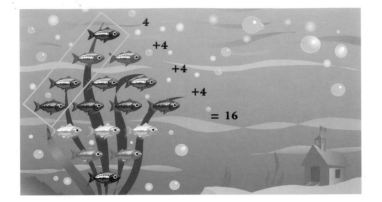

¡A LA ESCUELA, PECES!
En lugar de ver los peces por filas horizontales, mira en diagonal y verás 4 grupos de 4 peces, es decir, 16 peces.

$4 + 4 + 4 + 4 = 16$

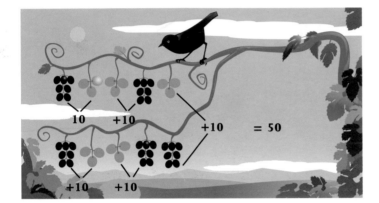

UVAS CONTADAS
Siempre que sea posible, junta números que den sumas fáciles. Los racimos se pueden agrupar en 5 parejas de 10 uvas cada una, que hacen un total de 50 uvas.

$10 + 10 + 10 + 10 + 10 = 50$

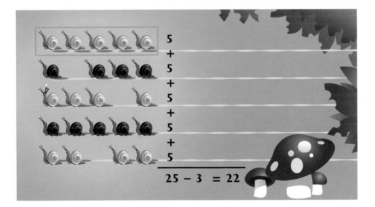

UN LENTO DESFILE
Primero imagina que hubiera 3 caracoles en los lugares vacíos. Entonces habría 5 filas de 5 caracoles, 25 caracoles en total. Resta de 25 los 3 caracoles imaginarios, y el resultado son 22 caracoles.

$25 - 3 = 22$

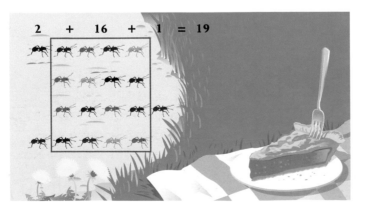

¡HORMIGAS AL ATAQUE!
Observa que hay un cuadrado formado por 4 filas de 4 hormigas, es decir, 16 hormigas. Sumando las otras 3 hormigas tendrás 19 hormigas en total.

$2 + 16 + 1 = 19$

¿CUÁNTAS GIBAS HAY AQUÍ?

En lugar de sumar las gibas por filas horizontales, súmalas por columnas. Como en cada una de las 5 columnas hay 5 gibas, el total son 25 gibas.

$$5 + 5 + 5 + 5 + 5 = 25$$

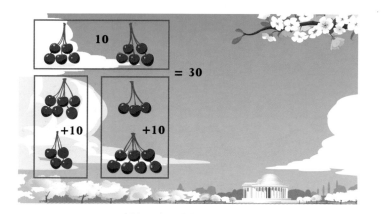

¿TE APETECEN?

Siempre que sea posible, junta números que den sumas fáciles. Los racimos se pueden agrupar en 3 parejas de 10 cerezas cada una, que hacen un total de 30 cerezas.

$$10 + 10 + 10 = 30$$

HOYITOS Y PERRITOS

Primero cuenta todos los hoyos agrupando las filas horizontales de dos en dos. En cada uno de los 3 grupos hay 9 hoyos, es decir, 27 hoyos en total. Resta los 4 perritos de las praderas, y el resultado son 23 hoyos vacíos.

$$27 - 4 = 23$$

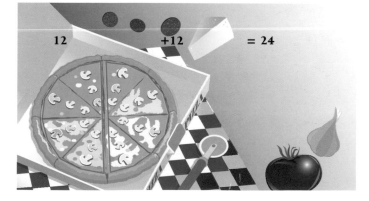

¡MARCHANDO UNA PIZZA!

Como la pizza es simétrica, te bastará contar los champiñones de una mitad. Dobla esa cantidad y tendrás 24 champiñones en total.

$$12 + 12 = 24$$

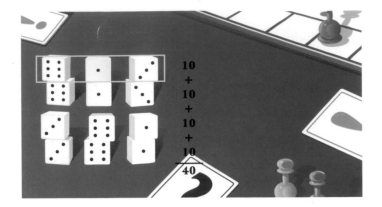

¿JUGAMOS A LOS DADOS?

En lugar de sumar por parejas de dados, observa que en cada fila horizontal hay 10 puntos. Como hay 4 filas, el total son 40 puntos.

$10 + 10 + 10 + 10 = 40$

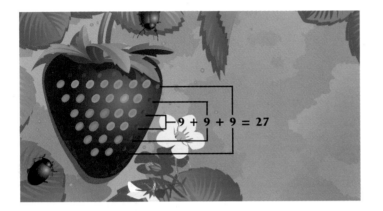

DULCE SORPRESA

Cuando se suman números consecutivos, lo más fácil es emparejar el primero con el último, el segundo con el penúltimo, y así sucesivamente: cada par de números sumará lo mismo. Aquí cada una de las 3 parejas suma 9, de modo que en total hay 27 simientes.

$9 + 9 + 9 = 27$

RONCANDO BAJO LA LUNA

Primero cuenta todas las ventanas, tanto las iluminadas como las oscuras. Hay 5 ventanas en cada una de las 7 columnas, es decir, 35 ventanas en total. Resta las 7 ventanas oscuras, y el resultado son 28 ventanas iluminadas.

$35 - 7 = 28$

REVOLOTEANDO

En lugar de ver grupos de 3 lunares del mismo color, mira de un lado a otro del abanico y verás 3 grupos de 5 lunares de distintos colores, es decir, 15 lunares.

$5 + 5 + 5 = 15$

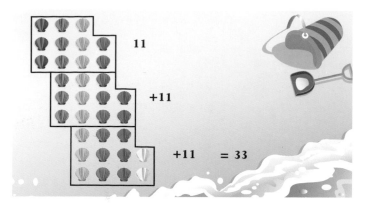

DE LA PLAYA A LA COCINA

Las 3 filas de arriba suman 11 veneras. Observa que el mismo grupo aparece tres veces de arriba abajo, de modo que en total hay 33 veneras.

$11 + 11 + 11 = 33$

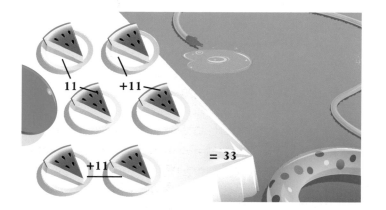

NEGRO SOBRE ROJO

Siempre que sea posible, junta números que den sumas fáciles. Los pedazos de sandía se pueden agrupar en 3 parejas de 11 pipas cada una, que hacen un total de 33 pipas.

$11 + 11 + 11 = 33$

¡ES LA LEY DE LA SELVA!

Primero cuenta el total de 36 animales sumando en diagonal. Después resta las 6 mariposas y orugas, y el resultado son 30 escarabajos.

$36 - 6 = 30$

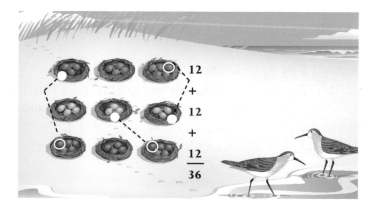

FUTURAS AVES

Si quitas un huevo de cada nido de 5 huevos y lo pones en un nido de 3, en cada uno de los 9 nidos habrá 4 huevos. Cada fila de nidos tendrá 12 huevos, y 36 huevos será el total.

$12 + 12 + 12 = 36$

COME UNA Y CUENTA VEINTE

¿Existe en algunos niños un "talento natural para las matemáticas"? ¿O es que sencillamente se enfrentan a los números y los problemas de manera más positiva? *Come una y cuenta veinte* introduce a los niños en el arte de resolver problemas mediante una serie de entretenidos acertijos que estimulan a los pequeños (¡y a los mayores!) a pensar creativamente, y al mismo tiempo dan ideas prácticas para sumar con más seguridad y rapidez.

Este libro enseña cuatro lecciones importantes para la resolución de problemas:

- La primera es la necesidad de mantener un espíritu abierto: los niños aprenderán a mirar más allá de lo obvio en busca de soluciones más inteligentes.

- La segunda es animarles a pensar con estrategia, buscando sumas cómodas que faciliten la tarea.

- En tercer lugar se enseña a los niños a ahorrar tiempo aplicando más de un proceso para resolver el problema, por ejemplo utilizando la resta para sumar.
- Finalmente aprenden a organizar la información descubriendo pautas y simetrías.

Espero que todos los lectores de *Come una y cuenta veinte* disfruten con este nuevo y ameno enfoque de la resolución de problemas, que fomenta la creatividad y el sentido común en lugar de la memorización y las fórmulas. Con un poco de orientación y aliento, todos los niños pueden adquirir la seguridad y las competencias necesarias para ser buenos alumnos de matemáticas y aprender a resolver problemas. ¡Que se diviertan!

GREG TANG

Greg Tang piensa que todos los niños pueden ser buenos alumnos de matemáticas, y se ha propuesto lograr que para todos ellos sean una parte natural de la vida. Su enfoque visual e intuitivo enseña a la vez tácticas de cálculo y de resolución de problemas, y es tan divertido y apasionante que al niño se le olvida que está aprendiendo matemáticas.

Greg Tang, doctor en ciencias económicas por Harvard, se tituló también en pedagogía de las matemáticas por la Universidad de Nueva York. Ha dado clase a alumnos de todas las edades, desde el jardín de infancia hasta la universidad, y ha aplicado sus métodos de resolución de problemas a la creación de empresas y productos de éxito en diversos sectores. Reside en Belmont (Massachusetts) con sus tres hijos.

HARRY BRIGGS

Estudió ilustración en el Art Center College of Design de Pasadena (California), y ahora trabaja como artista y publicitario. Sus exuberantes imágenes creadas en ordenador reflejan su dominio de medios tan variados como la acuarela, el dibujo a pluma y carboncillo, la xilografía y la pintura al óleo. Reside en Seaside (California) con su esposa, tres perros y dos gatos.

Damos las gracias en especial a Stephanie Luck,
Daniel Narahara y Jeffrey Wheeler
por toda su creativa y artística ayuda.

Dirección editorial: Raquel López Varela
Coordinación editorial: Ana María García Alonso

Text Copyright © 2001 by Greg Tang. All rights reserved
Illustration Copyright © 2001 by Scholastic Inc. All rights reserved
Published by arrangement with Scholastic Inc.,
557 Broadway, New York, NY 10012, USA
© EDITORIAL EVEREST, S. A.
Carretera León-La Coruña, km. 5 - LEÓN
ISBN: 84-241-8075-5
Depósito Legal: LE. 519-2004
Printed in Spain - Impreso en España

EDITORIAL EVERGRÁFICAS, S. L.
Carretera León-La Coruña, km. 5
LEÓN (España)
Atención al cliente: 902 123 400
www.everest.es